LA STUPIDITÉ HUMAINE : DES LOIS FONDAMENTALES DE CIPOLLA À LA RELATIVITÉ GÉNÈRALE

… Autant en rire !

Philippe **BONNAMY**

LA STUPIDITÉ HUMAINE : DES LOIS FONDAMENTALES DE CIPOLLA À LA RELATIVITÉ GÉNÈRALE

… Autant en rire !

Edition : BoD - Books on Demand
12/14 rond-point des Champs Elysées
75008 Paris
Imprimé par BoD – Books on Demand, Norderstedt
ISBN : 978-2-3221-7100-2
Dépôt légal : **Avril 2019**

« Des gens intelligents, il y en a 5 à 6%, mais moi, je fais campagne auprès des cons. Dans ma carrière, j'ai fait trois campagnes intelligentes où je parlais aux gens d'emploi, d'économie, d'investissements et je les ai perdues et j'ai fait vingt-sept campagnes rigolotes à raconter des blagues de cul et je les ai toutes gagnées »

Georges FRÊCHE (1938-2010)

Historien, Agrégé de Droit
Président du Conseil Régional du
Languedoc-Roussillon
Président de Montpellier Agglomération
Maire de Montpellier
Député de l'Hérault
Conseiller Régional du Languedoc-
Roussillon

Merci à Jean-Loup Picard qui m'a fait découvrir Cipolla et ses lois fondamentales de la stupidité et m'a ensuite fait profiter de ses précieuses remarques. Merci aussi à Camille, à Marcel Cassou, à David Dombre, à Francis Faye, à Gaston Lambert, à Claude Pouligny, et à Gérard Schmitt qui ont bien voulu, eux aussi, me faire partager les réflexions que leur inspirait le manuscrit et dont je crois avoir tenu le plus grand compte.

A toutes celles et ceux, connus et inconnus, grâce à qui les lois fondamentales de la stupidité le sont encore, cinquante ans après qu'elles aient été énoncées…

PROLOGUE

Il y a près de cinquante ans, un brillant universitaire italien, aujourd'hui décédé, du nom de Carlo Maria Cipolla, publiait un essai plein d'humour intitulé « Les lois fondamentales de la stupidité humaine ». Son livre, d'une soixantaine de pages, a connu depuis une large diffusion[1]. Son succès venait de ce qu'il s'agissait d'une étude méthodologique, encore inédite, de la stupidité. L'affaire ne manquait ni d'ambition, ni de témérité tant l'objet de l'étude est vaste et multiforme. Le talent de Cipolla a été d'atteindre son objectif, au moins en partie, tout en sachant garder un petit sourire en coin à chaque page.

Plus récemment, la stupidité a fait l'objet d'études plus sérieuses, au moins dans le ton, et l'on peut dire qu'elle a désormais acquis ses lettres de noblesse puisque même la Faculté de Médecine s'y intéresse (« La psychologie des cons » (Ed. Sciences Humaines) écrit en 2018 par un collectif de psychiatres et de psychologues).

Notons au passage la différence de substantifs qui marque l'évolution des mœurs depuis Cipolla. Mais un autre détail attire surtout notre attention : ce mot de « cons » utilisé par les psychiatres n'est

---

[1] Réédité en France par les Editions PUF

que l'un de la bonne quinzaine de synonymes de « stupides » (imbécile, idiot, crétin, mal comprenant, etc). Pour une fois, les Anglais sont même plus diserts que nous puisque, aussi bien pour la stupidité que pour les stupides, ils disposent d'à peu près deux fois plus de qualificatifs.

Dans les deux cas, cette richesse du vocabulaire n'est pas un hasard. Elle traduit simplement l'immensité du domaine et l'impossibilité d'en définir exactement la nature.

A cet égard, une première analogie, troublante, s'impose : dans son genre, la stupidité rappelle bizarrement la matière noire de l'Univers, cette étrange « matière » qu'on ne connait que par ses effets et sans laquelle, étoiles, planètes et galaxies se seraient déjà percutées depuis longtemps et nous ne serions pas là. On ne peut pas être plus précis pour définir la stupidité et, comme nous le verrons plus loin, la question se pose de savoir si elle ne nous est pas, elle aussi, indispensable.

Autre similitude au moins aussi troublante : comme l'Univers, la stupidité n'a pas de limite. Einstein en avait déjà fait la remarque en précisant qu'il en était encore plus convaincu pour elle que pour l'Univers. Depuis, Stephen Hawking, ce génial et malheureux astrophysicien britannique qui a passé l'essentiel de son existence déformé dans un fauteuil roulant sans pouvoir s'exprimer autrement que par l'intermédiaire d'un ordinateur, a cru pouvoir lever le doute et, coup de chance, d'une manière presque compréhensible pour le béotien. Selon lui, l'Univers pourrait se comparer à l'anneau obtenu en vrillant une bande de papier avant d'en coller les extrémités (ou « ruban de Möbius »)[2], de sorte qu'un doigt glissant sur un côté en parcourt indéfiniment les deux faces sans jamais s'en détacher. En somme, l'Univers n'aurait ni début, ni fin. Etrangement, la même image vaut pour la stupidité : on ne sait jamais très bien quand elle commence et, généralement, on n'en voit pas la fin non plus. Autrement dit, comme pour l'Univers, on tourne en rond.

Equivalence avec la matière noire, absence de limite, même conceptualisation, tout cela commence à faire beaucoup de coïncidences. Au point de se demander si le Créateur les a vraiment voulues et la question vaut d'être posée : s'Il avait à refaire l'Univers, le ferait-Il à l'identique ? Parce que, tout de même : pourquoi cette pléthore de milliards de milliards d'objets célestes dont on ne sait pas trop à quoi ils servent alors que quelques dizaines de milliers, et même moins, auraient suffi pour faire rêver les poètes, inspirer les auteurs de science-fiction, faire de belles photos et satisfaire les ambitions de la conquête spatiale ? Pourquoi

---

[2] Il est possible que cette image ne corresponde plus à la dernière hypothèse de la création de l'Univers selon Hawking, mais comme celle-ci évoque la possibilité d'un Univers à 10 ou 11 dimensions, autant en rester à celle qui pousse déjà nos imaginations à ses limites… et même au-delà !

avoir commencé, des milliards d'années avant nous, par inventer les bactéries qui n'arrêtent pas de nous poser des problèmes et pour lesquelles nous ne sommes qu'une curiosité passagère, peut-être pas davantage qu'un bétail aussi opportun qu'occasionnel ? Est-il normal que les bactéries voient une opportunité là où nous voyons une grossière injustice ?

Et pourquoi avoir anobli le temps au point d'en faire une quatrième dimension ? Dieu avait-Il prévu que des esprits curieux, dont certains n'étaient même pas exempts de stupidité, en déduiraient que masse et énergie jouent dans la même cour ($E = mc^2$) et accoucheraient de la bombe atomique? Qu'est-ce que c'est enfin que cette plaisanterie d'infiniment petit qui n'obéit à aucune règle compréhensible et où une particule peut être simultanément en deux endroits différents sans avoir parcouru l'espace qui les sépare? Il y aurait encore (beaucoup) à dire mais restons-en là.

En réalité, bien sûr que l'Univers, tel qu'il est, a ses bons côtés. Mais la question ne se pose-t-elle pas de savoir si, avant le temps, ce n'est pas la stupidité qui en est réellement la quatrième dimension ?

Qu'on le veuille ou non, combien de fois en avons-nous eu l'impression? De plus, dans cette hypothèse, tout deviendrait *infiniment* plus compréhensible. Comme nous allons le voir, les lois fondamentales de l'astrophysique, gravitation, relativité restreinte et générale, continueraient de s'appliquer au prix de quelques changements à la marge. *Last but not least,* comme aurait peut-être dit Newton, avec la stupidité comme valeur de référence, l'infiniment petit deviendrait enfin parfaitement accessible: qui s'étonnerait que la même particule persiste dans l'invraisemblance, pour ne pas utiliser un terme plus trivial, d'être simultanément en deux endroits différents?

Bref, le vertige n'est pas loin.

C'est la raison pour laquelle, il nous a paru intéressant de vérifier plus modestement, d'abord, si, cinquante ans après leur énoncé, les lois fondamentales de Cipolla restaient pertinentes. En chemin, cela nous a, entre autres, amené à proposer quelques méthodes de quantification de la stupidité en définissant un QS, ou Quotient de Stupidité, qui serait à la stupidité ce que le QI est à l'intelligence.

Mais également, il nous a semblé que Cipolla était passé trop rapidement sur une question à peine effleurée: celle de l'échec ou du triomphe de la stupidité à l'échelle d'un pays. Selon lui, la réponse ne dépendrait que de l'essor, ou du déclin, du pays en question. D'autres facteurs plus précis interviennent sans aucun doute, qui nous ont donné l'idée d'une autre loi fondamentale. Nous la lui dédions néanmoins avec plaisir.

Cipolla, a fait un premier, et très louable, pas dans l'étude de la stupidité. Cet essai tente d'en franchir un second qui en suscitera d'autres, espérons-le. Ce qui est sûr, c'est que la stupidité n'a pas fini de faire parler d'elle mais, en ces périodes où l'urgence est ailleurs, inutile heureusement de se presser, les stupides ne sont pas une espèce menacée d'extinction.

CHAPITRE 1

Les lois fondamentales de la stupidité humaine

Cipolla était professeur d'histoire de l'économie dans les meilleures universités italiennes et à Berkeley. Il faut reconnaître que sa matière lui donnait accès à un champ d'observation de la stupidité aussi vaste que fertile tant il est vrai qu'elle foisonne d'idioties monumentales de la part de spécialistes, autoproclamés ou reconnus, et de gogos toujours prêts à être hameçonnés. La crise financière de 2008 et le système Madoff ne sont pas les dernières du genre.

On serait heureux de savoir que, où qu'il soit désormais, Cipolla en ait entendu parler et que la quiétude de son paradis ait été troublée par son immense éclat de rire.

Le Président de la Réserve Fédérale Américaine, au courant des risques auxquels s'exposaient les banques américaines en octroyant à tour de bras des prêts immobiliers à des particuliers notoirement insolvables, ne les estimait-il pas à moins de 100 milliards de $ à la veille de la crise financière de 2008, autrement dit une bagatelle? On en est au minimum à quinze fois plus (et encore ce n'est peut-être pas fini!) pour ne parler que des dégâts financiers.

Quant à Madoff et la pyramide de Ponzi (on rémunère les anciens souscripteurs avec les dépôts des nouveaux) le plus malin des Cromagnon s'y était peut-être déjà essayé en exploitant l'engouement du public pour ses pointes de flèches. Les fresques de Lascaux n'auraient-elles pas été au service d'une talentueuse mais discutable campagne promotionnelle de l'efficacité de ses flèches sur le gibier de l'époque? Pas de souci en tous cas pour les futurs Madoff, ils ont encore de l'avenir.

Les cinq lois fondamentales de Cipolla sont, dans l'ordre, les suivantes :

- Chacun sous-estime toujours inévitablement le nombre d'individus stupides existant dans le monde.

- La probabilité que tel individu soit stupide est indépendante de toutes les autres caractéristiques de cet individu.

- Est stupide celui qui entraîne une perte pour un autre individu ou pour un groupe d'individus, tout en n'en tirant lui-même aucun bénéfice et éventuellement des pertes.

- Les non-stupides sous-estiment toujours la puissance destructrice des stupides. En particulier, les non-stupides oublient sans cesse qu'en tous temps, en tous lieux et dans toutes les circonstances, traiter et/ou s'associer avec des gens stupides se révèle immanquablement être une erreur coûteuse.
- L'individu stupide est le type d'individu le plus dangereux.

Pour en faire commodément l'analyse et pousser plus loin la réflexion, nous présenterons l'étude de Cipolla d'une manière un peu différente en commençant par la typologie induite par ses lois:

Cipolla classe les individus en fonction des effets positifs (bénéfice) ou négatifs (pertes) de l'action d'une personne pour elle et pour les autres. Il distingue ainsi :

- Les « intelligents » dont les actions profitent à eux-mêmes et à tout le monde,
- Les « bandits » dont les actions ne profitent qu'à eux au détriment de tous les autres,
- Les « crétins » dont les actions profitent aux autres mais pas à eux,
- Les « stupides » enfin dont les actions ne profitent jamais à personne, eux compris.

De cette typologie découlent ses lois que nous interprétons d'une manière un peu plus large qui résume ses propres commentaires:

- Toute association, groupe ou réunion de personnes comprend la même proportion de stupides.

- Cette proportion est toujours supérieure à l'idée que nous nous en faisons parce que nous croyons instinctivement que l'éducation, la renommée, la réussite ou l'expérience de quelqu'un le mettent à l'abri de la stupidité, alors que celle-ci en est totalement indépendante comme des autres caractéristiques, quelles qu'elles soient, de chaque individu.

- Cependant l'entêtement des « vrais » stupides dans leur stupidité est ce qui les distingue des autres catégories qui, en vertu de ce qui précède, ne sont pas à l'abri de stupidités au moins occasionnelles.

- Cette constance des stupides qui résiste à toute rationalité les rend redoutables parce qu'on ne peut rien faire contre eux.

La typologie de Cipolla est brillante, peut-être trop brillante même. Disons plutôt trop sommaire à en juger par le sondage auquel nous nous sommes livré à l'occasion de cet essai et dont les résultats sont les suivants:

- Les « intelligents » ne posent de problème à personne. Leurs actions profitent à tout le monde, eux compris. Ils étaient déjà une minorité en son temps selon Cipolla. Georges Frêche, ancien Maire de Montpellier, cité en page de garde et expert en la matière, les estimait à 5 ou 6% de la population une trentaine d'années plus tard. A ce rythme, il n'y a aucun doute que l'espèce est en péril. Espérons que non et que le Ciel leur soit toujours ouvert, mais le plus tard possible. A chacun de trouver son exemple et, s'il en a la possibilité, de le soigner comme une orchidée.

- Les « bandits » dont les actions ne profitent qu'à eux au détriment des autres, ne suscitent pas d'états d'âme non plus. Naturellement, pour eux, le Ciel ne devrait pas exister sauf à en dégoûter tout le monde. Chacun a son exemple mais il en existe aussi quelques réserves naturelles notoires: le monde politique et, à tort ou à raison, les vendeurs de voitures d'occasion et les promoteurs immobiliers, entre autres. S'ils n'appartiennent pas au monde des « intelligents » au sens de Cipolla, le malheur veut que les « brigands » n'en soient, le plus souvent, pas bêtes pour autant. Hélas!

- La définition des « crétins » de Cipolla, dont les actions ne profitent qu'aux autres et pas à eux, suscite en revanche des réserves. On ne

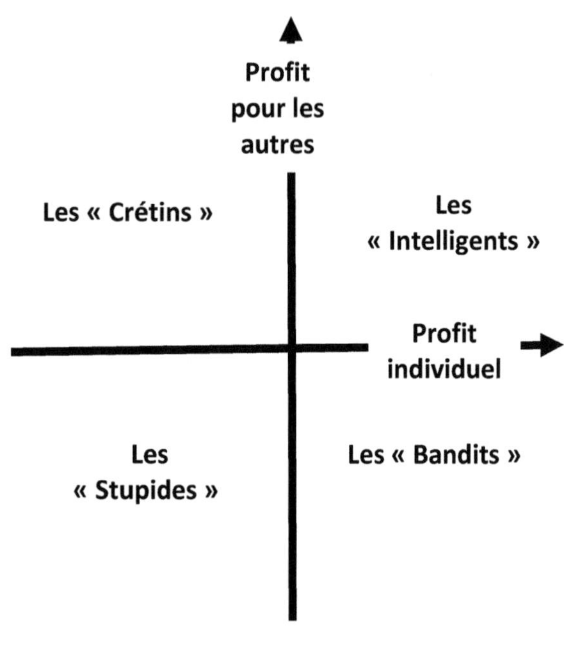

peut décemment pas y classer les bonnes âmes, les généreux, et encore moins les saints, ni même les simples « malchanceux » comme les joueurs de bridge qui auraient fait une impasse du mauvais côté. Disons plus généralement, toutes les victimes de la tartine qui tombe du côté du beurre. Belle satisfaction en revanche quand c'est un « bandit » qui l'a laissé tomber !

• Les vrais « stupides » dont les actions ne profitent *jamais* à qui que ce soit, eux compris sont à l'image du scorpion qui ne peut pas s'empêcher de piquer l'hippopotame sur le dos duquel il traverse le marigot. Tout le monde est d'accord sur cette définition, mais naturellement leur cohorte se gonfle de l'apport considérable de stupides occasionnels en provenance des autres bataillons.

A ces quelques réserves près, la classification de Cipolla ne semble pas avoir pris la moindre ride et elle a conservé intact le sourire en coin avec lequel il l'a écrite, comme le reste de son essai.

Dans les chapitres suivants, nous allons examiner successivement, et plus en détails, ce que sont devenues les lois de Cipolla dans le monde actuel. Nous terminerons en survolant les relations que la stupidité entretient avec les lois, elles aussi fondamentales, de l'Univers. Ce qui nous amènera, in fine, à poser la question existentielle de savoir si tout cela était vraiment voulu ou le simple fruit du hasard, laissant la porte ouverte à qui tentera d'y répondre.

CHAPITRE 2

Toute association, groupe ou réunion de personnes comprend la même proportion de stupides.

Nous en avons tous eu l'intuition mais Cipolla a eu le mérite d'en poser, le premier, le principe. Et ce principe a autant d'importance fondatrice dans le domaine de la stupidité que celui d'Archimède dans le sien.

L'histoire n'a pas retenu le lieu ni la tenue dans lesquels Cipolla en a eu l'idée. On aimerait que ce fût, lui aussi, pieds nus, au mieux une serviette de toilette nouée autour des reins et déboulant de sa douche sur une piazza italienne assommée de soleil et du chant des cigales.

Peut-être d'ailleurs que, sur le coup, il ne l'a pas réellement prononcée telle quelle. Peut-être que, en 1976, dans une Italie profonde, encore puritaine, où il passait des vacances, choquée de son apparition dans ce simple appareil, répondant aux insultes ou, pour les plus avant-gardistes, aux moqueries qu'elle provoquait il leur aurait répondu :

- Vous êtes tous des crétins !

Et ce n'est qu'un peu plus tard, plus au calme, qu'il aurait admis que « tous » n'était pas une hypothèse réaliste. La pomme que Newton aurait prétendument reçue sur la tête, ne lui a pas dicté sur le coup la formule de la gravitation. Mais l'idée était là et Cipolla n'a certainement pas attendu longtemps, lui non plus, pour poser le principe que la proportion de stupides était partout la même.

Il faut se résigner comme nous l'avons déjà suggéré à ce que le stupide soit un mal nécessaire. Tant qu'il est seul, à moins qu'il ne dispose d'un pouvoir, on peut s'en accommoder. Consacrons seulement quelques lignes au syndrome du « petit chef » et du « j'ai raison parce que c'est moi qui le dis ». Il mériterait un essai à lui tout seul, mais il n'a pas sa place ici. Rappelons simplement à qui n'en n'aurait pas été déjà victime, s'il en existe, que le maniement du « petit chef » requiert beaucoup de doigté, surtout si l'on envisage de faire appel à l'échelon hiérarchique immédiatement supérieur. La démarche a ses mérites mais elle doit être prudente : si, par malheur, elle débouche sur un autre « petit chef » simplement d'un degré supérieur, le risque est à l'échelle de son équivalent cosmique : la fusion de deux trous noirs. On sait (depuis moins longtemps que pour les petits chefs), qu'elle est possible et qu'elle donne naissance à un super ou méga-trou noir d'où il y a encore moins de chance de voir sortir quelque lumière que ce soit de chacun des deux pris séparément[3]. De toute façon, dans le domaine de la stupidité, les + et les − ne se neutralisent pas toujours et même si l'échelon supérieur n'est pas stupide, s'il s'appelle par exemple Ponce Pilate, cela ne signifie pas forcément que l'on soit sorti d'affaire.

C'est cependant au sein d'associations plus nombreuses que se situent les vrais problèmes. En conséquence, savoir qu'au sein de ces association sévit toujours la même proportion de stupides est un premier pas essentiel dans l'étude de la stupidité.

A première vue, la loi de Cipolla semblerait avoir une certaine parenté avec la loi de Pareto, bien connue en contrôle de qualité, qui stipule que, sous certaines conditions, 80% des effets sont toujours dus à 20% des causes. Mais une autre parenté semble plus convaincante, et plus troublante, avec une loi fondamentale de la Chimie cette fois:

Amedeo Avogadro était un chimiste italien, probablement plutôt un alchimiste comme tous ses confrères à l'époque, qui a vécu à la charnière des 18ème et 19ème siècles. Rares, pour ne pas dire

---

[3] En fait, sur la fin de sa vie, Hawking a démontré qu'il sortait tout de même, sous forme de faibles radiations, quelques informations de ces super-trous noirs mais sans grand rapport avec celles entrées dans chacun des trous noirs d'origine. Encore une étrange similitude astrophysicienne avec notre sujet !

inexistantes, sont les informations personnelles à son sujet: qui était-il, qu'avait-il fait en dehors de son domaine scientifique ? Rien d'autre qu'un  portrait dénué de chaleur humaine, voire susceptible de quelque stupidité passagère. Son regard laisse le choix entre celui d'un bandit ou celui d'un crétin qui viendrait de commettre une stupidité sans en tirer grand avantage. Un bandit? Nul ne le sait, mais un crétin? Sûrement pas! Un génie? Oui!

Il ne reste aucune trace de ce qui l'a mis sur la voie de l'intuition géniale selon laquelle tout volume d'un gaz maintenu dans les mêmes conditions de température et de pression contient le même nombre de molécules, quel que soit le gaz en question. A une époque où l'existence même des molécules et des atomes n'étaient pas admise par tout le monde! Qui plus est, Avogadro réussit même à trouver une valeur à ce nombre, immortalisé en toute justice depuis, sous le nom de « nombre d'Avogadro ».

Personne n'a encore trouvé le « nombre de Cipolla », cette proportion universelle de stupides dans toute communauté ou association et cela, pour au moins une raison: la nature exacte de la stupidité reste (encore) un mystère, plus épais que ne l'était encore à l'époque d'Avogadro la composition de la matière. Pessimiste, Cipolla excluait de trouver cette proportion. Mais faisons confiance à la Science. Les choses bougeront un jour ou l'autre et l'on finira bien par y arriver. Nous indiquerons plus loin une méthode qui permettrait d'en faire expérimentalement au moins une estimation acceptable.

En attendant, il semble établi qu'il existe une sorte de similitude entre la nature de la stupidité et celle des gaz. Le bon sens populaire l'avait d'ailleurs déjà soupçonné bien avant Avogadro et Cipolla comme en témoignent des formules aussi ancrées dans le langage qu'« avoir des idées fumeuses », de « ne pas toucher terre », voire éventuellement de « ne pas manquer d'air » même si cette dernière est plutôt utilisée pour dénoncer le culot de quelqu'un, mais rappelons qu'elle est la plupart du temps suivie d'un « … ce crétin! » (et parfois pire).

Pour autant restons prudents. Dans le volume de référence étudié par Avogadro (22,4 litres), il estimait que le nombre de molécules de quelque gaz que ce soit s'élevait dans des conditions dites « normales » de température et de pression, en chiffres ronds, à 6×10^{26}, soit 6 suivi de 26 zéros. Le travail reste de traduire ce nombre en proportion équivalente d'imbéciles dans toute communauté. Un simple changement d'échelle de la taille de la molécule à la nôtre, c'est-à-dire la multiplication du nombre d'Avogadro par plusieurs millions de milliards n'est évidemment pas réaliste.

Cependant, le principe est posé même si, en l'état, ses conséquences pratiques sont minces, à part si l'on est en présence de vraiment trop de stupides, la vaine tentation d'ouvrir les fenêtres.

C'est sur un autre plan que cette parenté de la stupidité est troublante, parce que nous verrons plus loin qu'elle se prolonge aussi avec les lois fondamentales de l'astrophysique.

Avant de conclure ce chapitre, soulignons l'importance de cette première loi de Cipolla pour les Chefs d'Etat, qui la connaissent tous ou n'en ont que l'intuition. Elle leur procure le réconfort de pouvoir se dire que le peuple d'imbéciles (« de veaux » disait de Gaulle) sur lequel ils règnent n'est en fin de compte pas pire que celui du voisin. D'aucuns, pour achever de s'en convaincre, vont s'offrir une journée de cure annuelle à l'Assemblée Générale de l'ONU. Certains prétendent même que c'est leur seule utilité.

CHAPITRE 3

La proportion de stupides est toujours supérieure à l'idée que nous nous en faisons parce que nous croyons instinctivement que l'éducation, la renommée, la réussite ou l'expérience de quelqu'un le mettent à l'abri de la stupidité, alors que celle-ci en est totalement indépendante comme des autres caractéristiques, quelles qu'elles soient, de chaque individu.

La Porte Dauphine, à Paris, est le carrefour d'au moins six axes à grande circulation : une entrée/sortie de Paris par l'avenue Foch, deux du Bois de Boulogne, autant du Boulevard Périphérique et enfin sa traversée dans les deux sens par le Boulevard des Maréchaux qui fait le tour de Paris, sans compter les contre-allées qui bordent plusieurs de ces axes.

Autant dire que dans la première partie de la matinée, et en fin d'après-midi, le trafic y est de plusieurs milliers de véhicules à l'heure, soit à chaque instant plusieurs centaines de voitures qui s'y livrent une lutte sans pitié où la seule priorité en vigueur est celle du plus fort. Cet échantillon d'automobilistes dont les voitures sont souvent le signe d'un niveau de revenus et de responsabilités au-delà de la moyenne est une illustration, parmi d'autres, de l'écart entre le respect qu'inspirent les chromes des grosses berlines et la stupidité d'au moins certains de leur propriétaire. Mais ils ne sont pas les seuls. Pendant qu'eux tentent, coûte que coûte, de froisser leurs tôles, dans un concours de testostérone, les cyclistes apportent une confirmation encore plus convaincante que la stupidité est indépendante des autres caractéristiques des individus. Et quelle confirmation ! Aux mêmes heures d'affluence, ils sont, au moins, à chaque instant, jusqu'à une dizaine à jouer à la roulette russe en tentant de se faufiler dans la noria de fous furieux évoquée plus haut ; la plupart du temps, en dehors des pistes cyclables qui leur sont réservées, ou en les prolongeant virtuellement avec la naïve (et fausse) certitude qu'ils y jouissent des mêmes priorités. Sans casque, sauf rares exceptions. Et, là encore, aucun(e) ne donne vraiment l'impression de faire partie des damnés de la Terre ni de la frange la plus inculte de la population. Et au milieu de tout cela, les motards !

Le plus ingénu des Papous qui assisterait au spectacle en déduirait, même sans avoir jamais entendu parler de Cipolla, que ce pays est peuplé de « stupides » ou l'équivalent en papou. S'il en doutait encore, il n'aurait qu'à faire quelques pas pour observer la conduite des motards sur le périphérique et utiliser alors un mot plus trivial (il en existe sûrement en papou, rien ne permettant de supposer qu'ils échappent à la stupidité universelle). Plusieurs jours par an, s'il tombe bien (façon de parler naturellement), la présence d'ambulances, quand ce n'est pas celle d'un corps sur la chaussée, lui confirmerait aussi qu'on n'y joue pas à la marelle.

Il y a des centaines de Porte Dauphine et de kilomètres de périphériques partout en France et ailleurs qui offrent peu ou prou le même spectacle. Faut-il en déduire que le nombre de Cipolla, cette proportion de stupides partout la même dans toute communauté, serait d'au moins 90% (en retenant celle des cyclistes sans casque) ?

Si c'était vrai, ce ne serait pas le déclin qui nous menacerait mais rien de moins que l'extinction de l'espèce et à une échéance plus proche que celle du réchauffement climatique. Essayons de nous rassurer en nous disant qu'il n'est pas concevable que l'espèce humaine, ce fin du fin de l'évolution, soit celle dont l'existence aurait été l'une des plus brèves : « Too big to fail » comme on dit … mais comme ont dû se dire aussi les diplodocus en leur temps.

Ce n'est cependant pas la loi de Cipolla qui semble en cause. Elle paraît trop évidente pour l'être sérieusement. Le problème viendrait plutôt de la définition des « stupides » et des « stupidités ». Elle doit manifestement être affinée.

En réalité, les « vrais » stupides, ceux dont la stupidité est irrémédiable, constituent un noyau incompressible sur lequel se greffe, comme un oignon, une, ou des couches successives de stupides occasionnels, issus des trois autres catégories de Cipolla. In fine, c'est cet ensemble, une fois constitué, qui représente une proportion invariable de toute association ou communauté.

De la même façon, il y a stupidité et stupidité : on ne peut pas ranger dans la même catégorie la stupidité « banale », énervante certes mais dont le préjudice reste supportable si elle ne se renouvelle pas trop souvent, et celle qui, pour ne citer que les extrêmes, met en jeu la vie de son auteur et, pire encore, celle des autres. De la même façon, il convient de faire une différence entre l'imbécile intégral qui commet régulièrement la même stupidité (et probablement d'autres au même rythme) et celui qui, quelle qu'en soit la gravité, n'en commet qu'exceptionnellement, par distraction ou sous la pression d'un stress éventuel. Les exemples suivants illustrent cette diversité : :

- Le militant politique de base qui, d'élection en élection, s'entête à militer pour le même candidat finit par en être stupide : victoire ou défaite, le résultat nuit en général à beaucoup, lui compris. Le mieux qu'il puisse en espérer est une lettre de remerciements préimprimée, accompagnée d'une demande de nouveaux efforts, financiers la plupart du temps.

Heureusement, l'expérience montre que personne n'en meurt sauf accidents ou périodes d'exception comme guerres, révolutions, etc. Elle a, par ailleurs, l'intérêt de faire marcher le commerce : tracts, tee-shirts, événementiels, etc.

- Le fumeur qui jette son mégot par terre commet une stupidité d'un ordre supérieur en s'exposant aux dangers du tabac, en y exposant éventuellement les autres, et, au minimum, en commettant une agression à leur égard en salissant le trottoir. Passe encore qu'il le fasse une fois par distraction mais, devenu une habitude, ce geste le « promeut » de stupide occasionnel à crétin sans espoir.

- Le motard qui met non seulement sa vie en danger sur le périphérique, mais aussi celle des autres qui auront tenté de ne pas lui rouler dessus, commet, lui, une stupidité équivalente au niveau maximum de l'échelle de Richter pour les tremblements de terre (soulignons d'ailleurs que, en raison, là aussi, de la diversité des séismes, cette échelle, relativement empirique, n'est basée sur aucune mesure physique mais sur l'ampleur des dégâts qu'ils *pourraient* commettre). Revenons à notre motard : si, de plus, il commet cette même stupidité, chaque jour, voire pour certains plusieurs fois par jour, il fait indéniablement partie de la structure même du noyau dur et incompressible des vrais stupides dont il est question plus haut.

Cette diversité des stupides et des stupidités ne facilite évidemment pas la recherche du « nombre de Cipolla ». Ce serait pourtant franchir un pas décisif dans l'étude de la stupidité. L'enjeu mérite que nous nous y attardions et que nous en proposions les deux approches suivantes :

La première consisterait à nous intéresser, par exemple, à la communauté des cyclistes. Après en avoir choisi un échantillon représentatif, il suffirait de le faire tourner autour de la Porte Dauphine, tous les matins pendant trois mois et de compter les survivants à l'issue de la période. Le rapport de leur nombre à l'effectif initial de l'échantillon fournirait par différence le pourcentage de stupides dans cette population. Au besoin, le test serait répété plusieurs fois pour éviter toute contestation.

On imagine bien à quels obstacles se heurterait cette méthode qui ne serait envisageable qu'autour de la place Tien-An-Men à Pékin ou son équivalent à Pyongyang en Corée du Nord. Comme le disait un jour un guide chinois à un groupe de touristes français :
-   Les systèmes occidentaux ne sont pas bons : vos gouvernements qui expliquent d'abord et qui, ensuite, essayent de faire, c'est évident que cela ne peut pas marcher. Naturellement personne n'est d'accord. Nous, en Chine, c'est beaucoup mieux : le gouvernement fait et *ensuite* il explique.

Oublions donc cette méthode qui a pourtant l'avantage de la simplicité. A sa place, notre seconde proposition est plus adaptée à nos mœurs et traditions :

- o Constituer plusieurs échantillons représentatifs de populations différentes (cyclistes, admirateurs des sculptures d'Anish Kapoor, clients de McDonald, etc.),
- o Soumettre chacun de ces échantillons au même test,
- o Comparer les résultats et/ou en faire la moyenne qui sera retenue, jusqu'à nouvel ordre, comme une estimation approchée de la proportion constante de Cipolla.

Les lecteurs pas intéressés par les détails de cette méthode ou rebutés par quelque formule mathématique que ce soit, peuvent passer tout de suite les précisions qui suivent ou se reporter à l'exemple de feuille de calcul individuelle en annexe. Pour les autres, en ce qui concerne les tests, on pourrait envisager de faire remplir le tableau suivant en définissant par exemple 4 catégories de stupidités, chacune affectée d'un coefficient de stupidité « S » tenant compte de sa gravité :

- Catégorie 1 : stupidités sans danger de dommage matériel ou physique pour qui que ce soit,
- Catégorie 2 : risque de dommages uniquement matériels,
- Catégorie 3 : risque de dommages corporels pour l'auteur de la stupidité avec risques collatéraux matériels pour les autres,
- Catégorie 4 : risques de dommages corporels pour tout le monde,

et d'une fréquence « F » égale au nombre de fois où la stupidité a été commise durant la période de test.

	Catégories de stupidités			
	Cat.1 $S_1 = 1$	Cat.2 $S_2 = 2$	Cat.3 $S_3 = 3$	Cat.4 $S_4 = 4$
Fréquence (3 mois)	F_1	F_2	F_3	F_4

Au total le Quotient de Stupidité QS du testé serait égal à la somme de ses stupidités selon la formule suivante que tout le monde comprendra ou, à défaut, dont il pourra faire confiance à l'auteur (il ne s'agit de toute façon que d'un exemple) :

$$QS = \sum_1^4 (S_n^3 * Fn)$$

L'usage de la puissance 3 pour chacune des catégories de stupidité est naturellement arbitraire mais nous semble constituer une bonne base. Il resterait à fixer un seuil de stupidité réaliste :

Pour fixer des ordres de grandeur, des stupidités de niveau 1 une fois par semaine (12 fois par trimestre) et de niveau 2 une fois par quinzaine (6 fois par trimestre), équivaudrait à un QS égal à :

$$1*12 + 2^3 *6 = \textbf{\textit{60}}$$

De nos jours, un QS aussi modeste devrait donner automatiquement droit à la Légion d'Honneur. A partir de 200, qui ne peut s'atteindre qu'avec une obstination maladive à répéter les mêmes « petites » erreurs, ou à en commettre au moins 2 ou 3 par trimestre de niveaux 3 et 4, on franchirait un seuil de stupidité absolue (dont l'origine maladive ou génétique mériterait d'être recherchée). C'est entre les deux que se situerait la masse des stupides vrais et occasionnels qui constituent la proportion constante de stupides du nombre de Cipolla.

En répétant le test autant de fois que nécessaire avec le plus grand nombre possible d'échantillons représentatifs, et en comparant les résultats, on finirait par obtenir une estimation de plus en plus précise de cette proportion.

Au-delà d'évaluer cette constante, ce test permettra à tout un chacun sachant enfourcher un vélo de mesurer, en toute confidentialité, son propre QS. Plusieurs feuilles de calcul vierges figurent en annexe à cet effet. Nous souhaitons à tous ceux qui en feront usage d'être encore en mesure de les remplir à l'issue des trois mois du test.

Nous laissons naturellement le soin à des autorités plus qualifiées et/ou plus spécialisées, de trouver des méthodes moins radicales pour arriver à des résultats plus précis. Rappelons que Georges Frêche, fin connaisseur de son électorat, estimait avoir affaire, en gros, à 95% de stupides. A noter que cette proportion est de l'ordre de celle des cyclistes sans casque.

Nous espérons tout de même que cette estimation est pessimiste. Mais il est vrai qu'à l'analyse de la plupart des élections où les résultats se jouent sur des scores proches de 50/50 et où, six mois après, la moitié des électeurs du vainqueur déclarent regretter leur vote, on serait tenté d'estimer la constante de Cipolla aux environs d'au moins 75%.

Ce chapitre a pu froisser quelques plumes et le calcul de son QS personnel a pu faire tomber quelques illusions pour ceux qui, vélo ou pas, s'y sont essayés. Afin qu'ils se sentent moins seuls, nous terminerons en citant quelques célébrités dont il n'est pas sûr que leur QS ait été à la hauteur de leur QI :

Newton prêtait si peu d'importance à sa découverte de la gravité qu'il en avait égaré les feuilles de calcul. Il passa en réalité l'essentiel de son existence à essayer de transmuter du plomb en or et à réaliser d'autres expériences saugrenues comme celle de s'enfoncer une alène dans l'orbite pour explorer ce qu'il y avait autour de l'œil.

Cavendish, près d'un siècle plus tard, ne fit rien moins que calculer la masse de la Terre avec une précision qui fait encore référence. A part cela, il était un timide compulsif aux limites de la névrose. D'une famille fortunée, il consacra ses moyens financiers à transformer sa confortable maison en un laboratoire à la Geo-Trouve-Tout et ses loisirs à, entre autres, se soumettre à des décharges électriques de plus en plus violentes auxquelles il ne survécut que parce qu'il y a un bon Dieu pour les stupides.

Les expériences de Benjamin Franklin avec la foudre qu'il allait chatouiller avec son cerf-volant et auxquelles il survécut, trahissent elles aussi dans leur genre une bienveillance exceptionnelle du Ciel.

Victor Hugo, dès qu'il prit conscience que les carnets qu'il tenait au jour le jour seraient publiés après sa mort (« Choses vues »), y consigna quotidiennement, non sans une évidente exagération, le nombre de galipettes auxquelles il se livrait avec les petites bonnes du 6ème étage en poussant la médiocrité à préciser le montant, au demeurant très chiche, des « petits cadeaux » qu'il leur faisait en échange.

D'après les souvenirs du Général Groves à qui avait été confié la direction du projet Manhattan et de la première bombe atomique, la fine fleur de la physique nucléaire sur laquelle il régnait ressemblait davantage, à quelques exceptions près (dont celle, notable, de Fermi), à un asile de fous qu'autre chose.

Plus près de nous, nous ne citerons que pour mémoire les exercices d'équilibre d'au moins deux anciens Présidents de la République, l'un, qui, après avoir organisé son propre faux attentat termina la soirée en haut des grilles de l'Observatoire de Paris, et l'autre, matinal et plus près de nous, sur le siège arrière d'un scooter.

Pour finir, les commentaires sur Facebook et autres réseaux sociaux, sont souvent, eux aussi, un florilège des écarts entre leur stupidité et le QI de leurs auteurs, du moins tel que semblent le suggérer les « profils » qu'ils affichent.

… et la liste n'est pas close.

CHAPITRE 4

Cependant l'entêtement des « vrais » stupides dans leur stupidité est ce qui les distingue des autres catégories qui, en vertu de ce qui précède, ne sont pas à l'abri de stupidités au moins occasionnelles.

Au fil de la discussion des deux lois précédentes nous avons déjà évoqué au moins l'esprit de celle-là sans la nommer. Elle les complète parfaitement et elle s'impose, elle aussi, comme une évidence. Je ne m'y attarderais pas davantage si elle ne laissait de côté une question essentielle à laquelle Cipolla ne répond pas : A quoi tient la constance des stupides?

A première vue, on pourrait rapprocher cette obstination dans l'erreur de la loi aussi implacable de la tartine qui tombe toujours du côté du beurre et qui, quand elle n'y tombe pas, ferait presque conclure que, pour une fois, elle est tombée du mauvais côté. De la même manière, quand le stupide, exceptionnellement, cesse de l'être, il va presque de soi qu'il se trompe. A une époque où l'opinion d'un animateur de télévision, en activité ou en retraite, l'emporte sur celle d'un prix Nobel, on a, de plus, des excuses de le croire, même si, comme nous l'avons vu dans les pages précédentes, et comme l'affirmait Cipolla, même un Prix Nobel n'est pas à l'abri d'une stupidité occasionnelle.

Cependant, il y a une différence qui n'échappe à personne entre la tartine et le stupide : la première n'a pas de neurones alors que même les plus stupides sont supposés en avoir. En tous cas, nous en admettrons le principe.

L'argent, le sexe et la soif de pouvoir, qui en fait la synthèse, sont considérés comme les moteurs essentiels de l'activité humaine. Aucun des trois n'est à exclure mais, a fortiori pour un stupide abonné aux échecs, il faudrait qu'il y ait vraiment beaucoup d'argent, de sexe ou de pouvoir en jeu pour estimer, malgré les enseignements du passé, que le jeu en vaille chaque fois la chandelle. Michel Audiard avait beau faire dire à l'un de ses Tontons flingueurs que « Les cons, ça ose tout et c'est même à ça qu'on les reconnaît », même eux ont leurs limites.

Reste le masochisme. Mais sauf à le considérer comme un phénomène de masse, ce qui se saurait, il ne répond pas non plus à la question. De plus, il relève au minimum de la psychologie qui n'entre pas dans le cadre de notre étude. Il faut en conclure que cet acharnement des stupides à agir à leurs dépens, et à ceux des autres, est une pulsion qui les dépasse. Elle ne vient pas d'eux. Son origine est exogène.

Les lois de Cipolla souffriront donc d'un sérieux manque tant que cette question attendra une réponse. Elle existe, du moins nous le croyons et nous lui consacrons le chapitre suivant.

CHAPITRE 5

La sixième loi de Cipolla: plus un pays bénéficie des bienfaits de la Providence et plus ses habitants sont stupides.

Bien que je revendique la paternité de cette loi, j'en fais volontiers don à la mémoire de Cipolla, tant il est légitime d'honorer le travail de pionnier auquel il s'est livré.

Il serait présomptueux de prétendre que j'ai eu droit, moi aussi, à « ma pomme de Newton » mais l'intuition de cette loi m'est venue tout d'un coup, il y a de nombreuses années. Rien n'est venu la contredire depuis.

Ma « pomme » à moi, si j'ose dire, a été un voyage à Chypre dans les années soixante-dix, avant la partition actuelle de l'île qui ne change d'ailleurs rien à la conclusion que j'en avais déjà tirée. A l'époque, les communautés turque, minoritaire, et grecque se crêpaient le chignon depuis des décennies, au point que, devant l'ampleur des massacres, l'ONU avait décidé d'intervenir et avait interposé un contingent respectable de Casques bleus entre les uns et les autres. A l'exception du Nord, qui restait une importante enclave turque, le reste de l'île avait été transformé en une sorte de peau de léopard de petites communautés turques au milieu de la communauté grecque. Les deux partis continuaient à se chamailler mais plus au point dont témoignaient les traces impressionnantes des véritables batailles précédentes.

Arrivant en famille pour la première fois à Nicosie, la capitale de l'île, et sortant de l'aéroport, nous montâmes dans un taxi à destination de Famagouste, à l'époque la station balnéaire grecque à la mode. A peine démarrés, nous arrivâmes à un carrefour où la direction de Famagouste était indiquée avec deux distances différentes : l'une d'une vingtaine de kilomètres, l'autre de six ou sept.

Suivant une inspiration que je pressentais, le chauffeur de taxi choisit naturellement de s'engouffrer dans le chemin le plus long.

Quand je lui dis aussi poliment mais fermement que je le pouvais sans menacer l'avenir de nos relations que j'avais, de mon côté, une indiscutable préférence pour l'autre, il me répondit comme si cela allait de soi :

-    Moi aussi, mais je n'ai pas le droit…

Et devant mon incompréhension, il ajouta :

- … les Turcs peuvent aller partout mais nous les Grecs nous devons contourner leurs enclaves.

La vingtaine de kilomètres que nous parcourûmes suffit à me laisser l'impression que Chypre, en dehors de ses traces de combats, était pourtant (et doit encore l'être) l'une des imitations les plus réussies du paradis terrestre. Tout y était, les paysages, la couleur de la mer, les orangers, les odeurs. Je gardai cette impression pour moi tandis que, au passage, le chauffeur qui me sentait intéressé précisait en me les montrant du doigt :
- Lui, c'est un Turc.
- Lui, c'est un Grec.

Jusqu'à ce que, confondu par ces différences que je ne distinguais pas, je lui demandai à quoi il les reconnaissait.
- Parce que j'étais à l'école avec eux !

Sans connaître encore les lois de Cipolla, j'ai eu tout de suite l'intuition de cette sixième loi.

Que les Chypriotes, si l'un d'eux lit ces lignes, ne m'en veuillent pas. Ils ne sont pas les seuls et depuis on a même vu pire.

Tenant à pouvoir encore voyager et prendre l'avion vers des contrées lointaines (en me gardant des compagnies dont les pilotes auraient des QS manifestement très au-dessus de la moyenne comme il semble qu'il en existe), je ne citerai pas d'autres exemples étrangers ni d'insularités quelles qu'elles soient. Limitons-nous à la France métropolitaine qui offre déjà un joli champ d'études.

« Heureux comme Dieu en France » ont longtemps dit les Allemands. Difficile de savoir si Dieu s'y sent toujours aussi à l'aise mais on ne peut pas accuser la Providence d'avoir été mauvaise mère pour ce pays qui serait encore, semble-t-il, la première destination touristique du monde. La Providence d'Etat n'a pas été en reste. Et pourtant, sur le plan qui nous intéresse, la France a un gros problème et il ne date pas d'hier.

Gaston Frêche ne disait pas le contraire. Bien avant lui, Tite Live, déjà, n'était pas tendre pour les Gaulois. Ajoutant l'insulte à la critique, il précisait même que si leurs cris justifiaient d'en avoir quelques-uns dans l'armée pour effrayer l'ennemi, quand les choses devenaient sérieuses, il valait mieux avoir des cavaliers germains. Il faut dire que ce sont ces cavaliers, les Panzers de l'époque, qui avaient déjà permis à César de gagner à Alésia. Les stratèges français des années trente auraient bien fait de lire Tite Live.

En tous cas, pour notre sujet, l'horizon s'éclaircit avec cette nouvelle loi :

Plus un pays bénéficie des bienfaits de la Providence et plus ses habitants sont stupides.

Soulignons que cette loi trouve une confirmation clinique résumée par le Dr. Jean Cottraux, psychiatre des Hôpitaux, auteur d'un ouvrage sur « La psychologie des cons » (Ed. Sciences Humaines) : *Le noyau dur de la connerie, c'est : « Tout m'est dû ».*

Les désormais six Lois de Cipolla semblent ainsi constituer un ensemble parfaitement cohérent :

Les stupides existent partout, mais l'existence des « vrais de vrai », ceux dont la constance ne faiblit pas parce qu'ils sont faits comme cela, dépend des conditions géopolitiques au sens large (climat, cadre, facilités médicales, sécurité de l'emploi, etc) et plus elles sont favorables, plus ils sont nombreux.

Quant au pourcentage constant de stupides dans toute communauté ou nombre de Cipolla, il dépend moins des individus que de leur environnement.

Autrement dit, si le QS, ou quotient de stupidité, est un indicateur pertinent pour chaque citoyen à l'intérieur de son pays, la comparaison d'un pays à l'autre nécessite une correction par une constante de stupidité propre à chacun d'eux. Rien ne pourrait mieux symboliser cette constante que la lettre grecque $ß_p$ (p pour pays) et elle est proportionnelle à la somme des avantages providentiels dont bénéficient les habitants du pays en question.

l'INSEE et ses équivalents étrangers n'auraient pas de difficulté pour calculer le $ß_p$ qui leur correspond, mais la précision du résultat ne présentant ici qu'un intérêt secondaire et l'exposé de la méthode rigoureuse pour y parvenir encore moins, nous en présentons ci-après une méthode empirique plus parlante.

Revenons à l'observation du trafic Porte Dauphine qui mériterait décidément d'avoir sa place, sous une forme ou sous une autre, au Pavillon de Breteuil, à côté du mètre étalon : il suffirait d'y faire passer le test du QS à des conducteurs et des cyclistes de même nationalité dont on comparerait ensuite le nombre d'infractions et d'accidents commis, voire simplement le nombre de survivants pour les pays aux $ß_p$ les plus élevés.

Nous épargnons au lecteur la manière théorique d'introduire $ß_p$ dans la formule de la stupidité nationale. L'important est de savoir que sa représentation graphique serait la suivante pour deux pays de $ß_p$ différents.

Dans les deux cas, on admettra que la population se répartit d'une manière à peu près symétrique (selon une courbe de Gauss pour les connaisseurs) autour d'un QS moyen.

Comme le graphique suivant l'illustre, la proportion d'individus partageant le même QS est plus forte dans le plus « stupide » des deux pays dont le QS médian (celui autour duquel les proportions sont les mêmes) est également plus important.

En d'autres termes, le seuil incompressible de stupidité peut correspondre pour les pays les plus « intelligents » (petits $ß_p$) à des niveaux qui

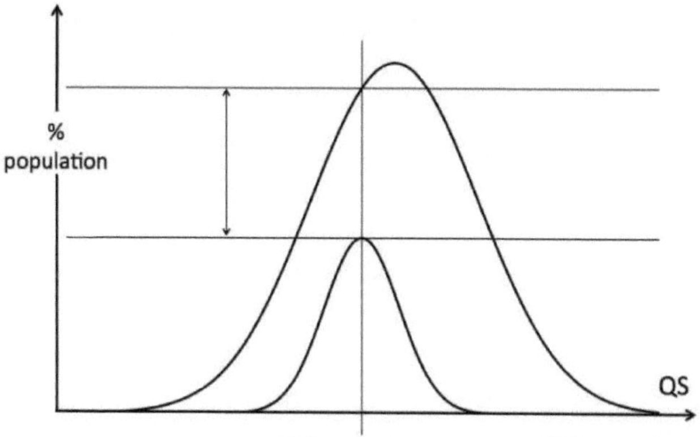

paraîtraient frôler le génie dans les pays les plus « stupides » (gros $ß_p$).

Par voie de conséquence, même si la constance des stupides est partout la même, elle concerne beaucoup moins de monde dans les pays à petits ß que dans les pays à gros ß. De plus, dans les pays les moins obtus, le pourcentage de vrais stupides peut être suffisamment faible pour que leur constance inébranlable se noie dans la masse des stupides occasionnels, avec les moins stupides desquels on peut espérer discuter[4].

En reprenant l'image du scorpion qui pique l'hippopotame qui lui fait traverser la rivière, et en imaginant qu'il soit en famille, dans un cas, ils

---

[4] Une conséquence rassurante de notre théorie est que le risque d'un « Stupides de tous les pays, unissez- vous ! » est à peu près totalement inexistant. Coïncidence ou divine mesure de précaution ?

seront unanimes pour l'applaudir et couler en criant « On ne lâche rien », dans l'autre cas, ils s'interposeront au moins jusqu'à ce que l'hippopotame ait fini de traverser.

Cette distinction entre pays à petite et grosse constante de stupidité jette un doute sur la pertinence de l'appréciation de Cipolla sur l'influence des stupides sur l'avenir de leur pays respectif : il fait simplement une distinction entre pays en plein essor et pays sur le déclin.

A son avis, les premiers comptent suffisamment d'entrepreneurs et sont suffisamment dynamiques d'une façon générale pour contrer l'influence de leurs stupides. Alors que les pays en déclin ne seraient plus en mesure de réagir et ils sombreraient, sans espoir de retour, dans la débâcle où les entraîneraient leurs stupides. En somme, du pur Darwinisme.

Obligeons-nous à un devoir d'optimisme : dans la mesure où la stupidité se nourrirait des excès de la Providence, donnons sa chance à « l'hypothèse de nécessité » selon laquelle il « suffirait » d'en réduire les effets pour relancer la machine.

Après tout, comme le chantait Jacques Brel : « on a vu souvent rejaillir le feu d'un ancien volcan qu'on croyait trop vieux… »

CHAPITRE 6

La constance des stupides qui résiste à toute rationalité les rend redoutables parce qu'on ne peut rien faire contre eux.

Quand Cipolla écrit cela, moins sous la forme d'une loi que de l'une des conclusions de son étude, on sent la fatigue de l'homme qui, connaissant désormais bien son sujet, préfère renoncer d'avance à la dépense d'énergie que représente un conflit contre des stupides.

Fixons les ordres de grandeur : nous avons déjà évoqué le cas du stupide isolé, dont le symbole est le « petit chef ». Nous avons vu qu'il requiert patience et précaution mais nous ne pensons pas que ce soit à lui que pensait Cipolla. Après tout, il s'agit d'un individu isolé. Sans sous-estimer le pouvoir de prédation dans lequel le pauvre homme (ou femme) puise sa raison d'être, nous en resterons aux quelques lignes qui lui ont été consacrées au début de cet essai.

Le vrai péril est le groupe de stupides superbement représenté par le « Nous avons raison parce que nous sommes la majorité » d'un député à l'Assemblée Nationale du début des années années 80 dont le nom est injustement tombé dans l'oubli.

Nous consacrerons le chapitre suivant à une explication néo-newtonienne de la raison pour laquelle les stupides semblent avoir autant de facilité à se retrouver. Mais auparavant, attardons-nous sur cette désolante conclusion de Cipolla. Sommes-nous à ce point réellement désarmés contre les stupides ? Oui et non.

Oui, parce que, comme il le souligne à plusieurs reprises, ils résistent à toute rationalité et ne laissent, en conséquence, aucune place à une controverse raisonnable et argumentée.

Mais non, si l'on revient aux fondamentaux de l'art de la guerre brillamment exposés par Sun Tzu, mystérieux stratège chinois des alentours de 500 à 300 avant notre ère, et dont « L'art de la Guerre » continue d'être étudié dans toutes les Ecoles de Guerre sérieuses. Ho Chi Min et Mao Tse Toung en avaient fait leur livre de chevet, c'est tout dire. Soit dit en passant, heureusement pour la légende d'Alexandre que ses généraux l'aient forcé à renoncer à son rêve de conquête avant d'atteindre la Chine : y serait-il parvenu que Sun Tzu et ses collègues, non seulement bons stratèges mais qui disposaient de plus d'un armement sans commune mesure avec celui des Macédoniens, auraient rapidement mis un terme à l'aventure. Et qui sait si, pris de curiosité à leur tour, ils n'auraient pas pris la même route en sens inverse pour aller construire des pagodes sur l'Acropole, à la place du Parthénon ? Sacré Alexandre ! A une stupidité près, les Chinois investissaient déjà en Grèce il y a vingt-quatre siècles.

Revenons-en à nos stupides. Le livre de Sun Tzu est court mais chaque page est riche d'enseignements. Nous n'en retiendrons ici que ce qui nous semble le minimum pour se préparer à un combat contre les stupides :

- Une bonne guerre est une guerre rapide, qui fait couler le moins de sang possible et ne dévaste pas le territoire ennemi : il serait stupide d'exterminer des sujets potentiels et encore plus d'abreuver de sang leurs sillons sur lesquels il deviendrait impossible au vainqueur de se nourrir. Il va de soi que, dans notre cas, les termes sont symboliques encore que, pour le sang, il faille parfois se faire violence et faire une confiance aveugle à Sun Tzu pour ne pas succomber à la tentation.

- Il s'agit moins d'anéantir l'adversaire que de lui faire perdre le goût de se battre : Sun Tzu recommande plusieurs méthodes qui vont de la diversion à l'estimation par l'ennemi qu'il a plus à perdre qu'à gagner. Par définition, les stupides n'en sont pas capables mais rien n'empêche de miser sur leur esprit ludique ou sur leurs difficultés de concentration.

- Le facteur clef de toute victoire est l'espionnage : c'est sans doute la condition la plus facile à remplir dans un conflit contre des stupides et cela pour plusieurs raisons. D'abord le stupide est rarement mutique ; il aime se complaire à exposer son point de vue et ses attendus à qui veut les entendre. Ensuite, il ne faut pas perdre de vue que le stupide a sa fierté et que, membre d'un groupe de stupides, il obéit, lui aussi, aux lois de Cipolla. En conséquence, lui-même estime que dans son propre groupe, il est le seul intelligent, que les autres sont stupides, etc. Dans la plupart des cas, il se fera là encore une joie d'en faire état au premier venu et d'en exposer les raisons en détail.

Passons rapidement sur les méthodes préconisées par Sun Tzu : la pratique à bon escient du repli stratégique, la bonne connaissance du terrain, la saisie au vol de l'occasion de remporter la victoire, etc.

Tout cela ne la garantit pas. Dans tous les cas de figures, il faudra se préparer à un combat long et difficile, mais si l'Art de la Guerre de Sun Tzu a permis à Mao et Ho Chi Min de gagner dans les conditions que l'on sait, il est tout de même loisible de penser qu'une victoire contre les stupides n'est pas impossible.

Un dernier conseil de Sun Tzu concerne cinq écueils à éviter à tout prix. Trois sont strictement militaires et, malgré leur intérêt de culture générale, nous les sauterons pour insister sur les deux autres, les plus menaçants dans tout combat contre des stupides : savoir résister à la pulsion d'une colère spontanée et éviter absolument toute réaction d'orgueil.

« Je ne discute pas avec les cons parce que ça les instruit » d'Audiard est une perle qui aurait manqué au cinéma et à la littérature mais, dans le monde réel, la formule n'a pas d'avenir quand on affronte des stupides.

Enfin, un dernier point qui va de soi mais encore mieux en le précisant : pas question naturellement en quelque circonstance que ce soit, et en particulier celle de tenter d'éviter un conflit, de rechercher une association avec des stupides. Cipolla la considère à juste titre comme un danger absolu.

Il nous reste à étudier plusieurs questions que pose la stupidité et que Cipolla n'a pas abordées : pourquoi les stupides semblent avoir autant de facilités naturelles à se retrouver ? La stupidité, au point où elle est répandue, obéirait-elle aux lois fondamentales de l'astrophysique ? Joue-t-elle un rôle social et économique dans nos sociétés ? Toutes questions qui font l'objet des chapitres suivants.

CHAPITRE 7

Pourquoi les stupides ont-ils autant de facilités naturelles à se retrouver.

Faites l'expérience de remplir une cuvette d'eau et d'y faire tomber quelques gouttes d'huile. Chacune s'étale à la surface et vit sa vie, sauf si vous rapprochez l'une d'elles d'une de ses voisines. A partir d'une certaine distance, vous n'avez plus rien à faire, les deux gouttes accélèrent d'elles-mêmes le mouvement et se rejoignent.

Elles ont obéi à la loi de la gravitation de Newton qui stipule que deux corps s'attirent avec une force F proportionnelle au produit de leur masse (M et M') et inversement proportionnelle au carré de la distance d qui les sépare, ce qui se traduit par la formule suivante :

$$F = G * (M * M') / d^2$$

Rassurons le lecteur : la compréhension de cette formule n'est pas indispensable à celle de la suite de ce chapitre.

Pour ceux qui en seraient curieux : G est une constante dite Gravitationnelle qui n'est là que pour traduire la formule en unités de Force et ramener le résultat à une juste proportion. Il s'agit de la force d'attraction entre deux masses de 1 kg à 1 mètre de distance, autrement dit, vérifiez le vous-même[5], vraiment peu de chose.

Tout ce à côté de quoi nous passons nous attire sans que nous nous en rendions vraiment compte, sauf, mais pour une autre raison, « si affinité ». Sauf également pour ce sur quoi nous vivons : la Terre. La force avec laquelle elle nous attire a un nom : c'est notre poids grâce auquel nous gardons les pieds sur terre.

Mais la Terre n'est pas la seule : tous les corps qui nous entourent exercent eux aussi sur nous, la même force d'attraction, proportionnelle au produit de nos masses respectives et inversement proportionnelle au carré de la distance qui nous sépare.

Naturellement cette attraction est bien trop faible pour que nous la ressentions et bien trop faible aussi par rapport à l'attraction de la Terre

---

5 Cependant, nous ne le conseillons qu'aux lecteurs attirés par une expérience méditative intense.

pour réussir à nous faire basculer[6]. Ce n'est pas le cas de la goutte d'huile qui glisse sans frottement sur la surface de l'eau et peut librement céder à cette attraction et rejoindre sa voisine.

Or c'est un fait d'expérience que les stupides éprouvent des facilités naturelles à se retrouver, pas au point de se coller les uns aux autres (sauf cas particuliers qui ne relèvent pas de cette étude) mais à celui de se sentir instinctivement en bonne compagnie. La nature exacte de cette force d'attraction et son intensité ne peuvent être précisées que par une expérimentation qui reste à faire.

Nous avançons cependant d'ores et déjà deux formulations envisageables :

L'une ne serait qu'une extension de la formule de la gravitation de Newton en y ajoutant le produit des QS de chacun des individus considérés.

$$\Phi = \Gamma * (M*M') * (QS*QS') / d^2$$

Si l'on prend en compte une masse moyenne individuelle de l'ordre de 65 kg (en tenant compte des femmes qui n'échappent pas, elles non plus, à

---

[6] Nous avons vu que déterminer la masse de la Terre a été la grande aventure de la vie de Cavendish. A noter qu'il existerait, paraît-il, au moins deux endroits au monde, l'un près de Rome et l'autre en Floride où, par suite d'une anomalie géologique créant localement une attraction plus forte que la gravité, une goutte d'eau versée sur un plan incliné le *remonte*.

la stupidité) et si l'on se rappelle que le QS peut facilement atteindre plusieurs centaines, et donc plusieurs dizaines de milliers pour le produit de deux QS sérieux, l'intérêt de cette formule est de donner la primauté à la stupidité sur la masse, ce qui semble bien correspondre à la réalité.

Dans cette formule, la constante Γ serait une variante de la constante gravitationnelle G de la formule originelle de Newton, revue dans la mesure où une atténuation de l'effet « masse » peut se comprendre quand il est le seul en jeu, mais atténuer celui de l'effet « stupidité » ne serait qu'une manière artificielle de se rassurer.

A première vue, conserver l'effet atténuateur du carré de la distance pourrait passer pour une concession à l'esprit de la formule de Newton. Il est vrai que si l'on prend l'exemple de deux individus qui ne se connaissent pas et se croisent à dix mètres l'un de l'autre sans s'adresser la parole, diviser le produit de leur QS par 10 ou par 10^2 (=100) ne change pas grand-chose au résultat : si, de plus, ils ne se regardent même pas, ils n'ont pas la moindre chance de sentir les effets d'une attraction quelconque. Sur ce plan, la nature est bien faite.

En revanche, pour les petites distances, où les mêmes individus ne peuvent plus s'ignorer, a fortiori si la place est mesurée et exige une certaine coopération pour se doubler ou se croiser, avec un risque d'échanges plus ou moins aimables et, encore plus de collision, le recours au carré de la distance qui les sépare prend tout son sens[7]. A défaut de tenter des mesures de terrain qui risqueraient de provoquer des bagarres, on pourra se contenter d'une observation attentive des échanges sur les réseaux sociaux : réduisant la distance entre « amis », où qu'ils soient respectivement dans le monde, aux cinquante centimètres qui séparent chacun d'eux de son écran, ils se révèlent comme de véritables réserves naturelles de stupides. Leur observation attentive, étendue à l'international, peut éventuellement donner aussi une idée des coefficients de stupidité ß nationaux dont il a été question précédemment

On pourrait aussi envisager une autre formulation similaire à celle de la gravitation mais strictement réservée à la force d'attraction de la stupidité, du type :

$$\Phi = \Gamma * (QS * QS') / d^2$$

avec les mêmes remarques concernant la valeur de la constante Γ. Cette formule présente toutefois l'inconvénient de masquer la primauté des QS sur les masses dans l'attraction qui s'exerce entre stupides.

---

[7] Pour les lecteurs que la moindre division rebuterait, soulignons que, pour 0,5m par exemple, diviser par 0,5 est équivalent à multiplier par 2 ((1/0,5)= 2) et que diviser par 0,5² (=0,25) revient à multiplier par 4 ((1/0,5²) =4)

A cet égard, on remarquera que, dès lors que l'on s'intéressera non pas à deux stupides, mais à un groupe d'individus, cette force d'attraction entre stupides devient rapidement exponentielle. Elle n'a même, au moins théoriquement, aucune limite.

En conclusion, nous laissons le choix de la bonne formule aux soins des générations futures de chercheurs qui voudraient tenter leur chance de laisser un nom dans l'étude de la stupidité.

Nous ne voulons pas clôturer ce chapitre sans souligner les désastres potentiels contenus dans les formulations newtoniennes précédentes de la force d'attraction qui s'exerce entre stupides.

Chacun aura compris que plus les stupides le sont, plus ils attirent quelle que soit celle des deux formules précédentes retenue.

Dès lors, de deux choses l'une :

- Soit ce centre d'attraction est un vrai stupide, d'une dimension astrale, mais la situation n'est pas dramatique si le sujet à l'ordre du jour n'est pas existentiel. Se reporter au chapitre précédent et à Sun Tzu dans les autres cas.

- Soit, en revanche, c'est un « bandit » qui joue les stupides et nous avons tous du souci à nous faire. L'Histoire fourmille d'exemples fâcheux.

CHAPITRE 8

Stupidité et relativité restreinte et générale

Nous avons déjà souligné les liens qui unissent la stupidité avec la loi d'Avogadro, et, dans le chapitre précédent, ceux qu'il semble aisé d'établir avec la loi de la gravitation. Pour vérifier son caractère universel, il nous reste à voir si les mêmes liens la relient aux théories plus modernes des relativités restreinte et générale (qui renvoient Newton à ses jeux d'alchimiste).

En essayant de les résumer de la manière la plus simple possible,

- La relativité restreinte :
  - o Anoblit le temps au rang de quatrième dimension de l'univers à côté des trois qui nous sont habituelles. En dehors du petit monde des astrophysiciens, ses seules conséquences accessibles aux simples mortels que nous sommes sont illustrées

par le paradoxe dit « des jumeaux de Langevin », du nom de son auteur : si l'un d'eux était expédié dans un vaisseau spatial susceptible de l'envoyer à la vitesse de la lumière aux confins de l'univers et retour, il reviendrait plus jeune de plusieurs années que son frère jumeau resté sur terre.

- o elle est aussi célèbre pour la fameuse formule $E = mc^2$ qui établit un lien direct entre masse et énergie (à l'origine de la bombe atomique) et dans laquelle la lettre « c » symbolise la vitesse de la lumière (qui, pour les puristes, est une constante absolue indépendante de tous les milieux traversés).

- La relativité générale est une extension de la relativité restreinte. Elle se « résume » (façon de parler naturellement) à dire que les quatre dimensions de l'univers sont affectées par la présence d'une masse (ce qui est, entre autres, à l'origine de l'existence de cette mystérieuse « matière noire »). Cela dit, et comme le lecteur n'en est probablement pas plus avancé, on peut l'illustrer par l'image d'une nappe tendue, au milieu de laquelle on aurait déposé une grosse boule. L'attraction que celle-ci exercerait sur une autre boule déposée sur le bord de la nappe serait moins due à l'effet d'attraction de leur masse respective (Newton) qu'au creux de la nappe créé par la grosse boule (dont la masse a courbé l'espace-temps).

Il n'y aucun doute que la stupidité se plie complaisamment aux lois de la relativité restreinte. Nul besoin de le démontrer en envoyant un jumeau aux confins de l'univers et, encore moins, à la vitesse de la lumière : il suffirait de les faire élever chacun par une famille d'accueil dans deux pays à ß différents pour vérifier qu'à l'âge adulte, et même avant, l'un aurait un QS inférieur à l'autre.

Quant à la formule $E = mc^2$, son équivalent dans l'espace-stupidité pourrait s'exprimer par une formule étrangement semblable :

$$E = QSc^2$$

Dans laquelle E serait l'énergie perdue à lutter contre la stupidité et/ou ses conséquences, QS le coefficient de stupidité de chaque individu et « c » une autre constante qui reste à déterminer mais dont le symbole (« c » pour « connerie » naturellement) s'impose avec encore plus d'évidence que dans la formule d'Einstein. Ajoutons que, selon la deuxième loi fondamentale de la stupidité, cette constante a encore plus de raisons que la vitesse de la lumière d'être indépendante des milieux traversés.

Quant à la relativité générale, on ne voit pas pourquoi les stupides, qui sont eux-mêmes le plus souvent des « tordus », n'arriveraient pas à tordre aussi l'univers qui les entoure sous l'action combinée de leur masse et de leur stupidité. Ajoutons que les trous noirs, ces abîmes dans lesquels tout se perd et dont l'existence est une conséquence directe de la relativité générale, seraient beaucoup plus faciles à imaginer dans un espace-stupidité que dans l'espace-temps d'Einstein.

Le dernier avantage d'un espace-stupidité est qu'il n'y aurait aucun besoin de mécanique quantique pour expliquer le fonctionnement de l'infiniment petit. Les mêmes lois s'appliqueraient aux deux extrêmes, infiniment grand et infiniment petit, tant il y a finalement peu de différences entre grands et petits stupides. Dans cette nouvelle dimension de l'Univers, le don d'ubiquité des particules ne serait qu'une extravagance de plus.

A défaut d'être encore reconnu par la Science, admettons, pour l'instant, que cet hypothétique univers-stupidité pourrait, au moins et légitimement, réclamer sa place dans un univers à cinq dimensions où la stupidité occuperait un rang équivalent à celui du temps.

CHAPITRE 9

Le temps, c'est de l'argent... la stupidité aussi

Nous avons déjà évoqué le lien solide qui unit finance et stupidité en l'illustrant par la crise des subprimes et le scandale Madoff.

Il en est un autre dont il faut parler, qui est celui qui relie plus largement la stupidité à l'Économie d'une manière générale.

Le montant annuel des indemnités versées par les compagnies d'assurance exerçant en France, pour des sinistres dans lesquels la stupidité a joué un rôle (c'est-à-dire à peu près tous sauf les catastrophes naturelles[8], puisque même les accidents sont la plupart du temps qualifiés de stupides) tourne, selon les années, autour d'une

---

[8] Avec des réserves quand il s'agit de constructions établies dans des zones notoirement inondables

trentaine de milliards € par an[9], soit, pour fixer les idées :

- Environ 1,2% du PNB français,
- Le prix de 6 porte-avions,
- De près d'une douzaine de sous-marins nucléaires,
- Et plus de la moitié du budget de l'Education Nationale.

D'une manière ou d'une autre, cette somme est recyclée dans l'économie au titre de la réparation des dommages subis. S'y ajoutent les franchises, les frais de dossiers, d'experts et, éventuellement, d'avocats, ce qui, bout à bout, finiraient par faire frôler les 2% du PNB et peut-être même davantage.

Ajoutons aussi que ce coût de la stupidité, lié aux aléas de l'existence, ne comprend pas celui, probablement bien plus élevé encore, de l'énergie perdue chaque jour pour lutter contre elle et/ou réparer ses erreurs ($E = QSc^2$).

On pourra naturellement estimer qu'il s'agit d'un argent gaspillé qui manque au financement de projets plus « intelligents ». Encore faudrait-il se mettre d'accord sur ces projets et disposer d'assez de personnel entreprenant et formé pour les mettre en œuvre. Autrement dit, sans la stupidité, la

---

9 Source : Fédération Française des Compagnies d'Assurance

plupart des pays verraient leur PIB tellement amputé qu'il faudrait vraiment une proportion inimaginable d'intelligents pour les sortir de cette situation.

En d'autres termes, la stupidité, comme le temps, et probablement encore plus que lui, c'est bel et bien de l'argent. Alors, bien sûr que « Heureux les simples d'esprit, le royaume des cieux leur est réservé » … mais, rien ne presse !

Pour éviter une crise encore plus grave que celle des subprimes, gardons le plus longtemps possible nos chers, nos parfois très chers, stupides.

CONCLUSION

En conclusion, non seulement les lois fondamentales de Cipolla sont toujours pertinentes et se sont même enrichies d'une sixième loi, mais il semble que la stupidité se plie volontiers aux lois essentielles de la physique des gaz et de l'astrophysique. Ce serait même les seules lois auxquelles elle se plierait.

Qui plus est, elle partage avec le temps un rôle économique considérable, peut-être même plus important.

En conséquence, il semble difficile de lui refuser le rang de cinquième dimension de notre Univers. A quatre dimensions, il était déjà difficilement compréhensible. A cinq, il ne faut même pas essayer de comprendre.

C'est, en définitive, une conclusion préoccupante qui nous ramène à la question que nous posions dans le prologue de cet essai : le Créateur l'a-t-il fait exprès ? Ou est-ce que lui-même…

On n'ose pas y penser !

FEUILLE DE CALCUL DE QUOTIENT DE STUPIDITÉ QS

Rappel :

- Catégorie 1 : stupidités sans danger de dommage matériel ou physique pour qui que ce soit,

- Catégorie 2 : risque de dommages uniquement matériels,

- Catégorie 3 : risque de dommages corporels pour l'auteur de la stupidité avec risques collatéraux matériels pour les autres,

- Catégorie 4 : risques de dommages corporels pour tout le monde.

	Nombre de Stupidités de Catégories			
	1	2	3	4
1er mois				
2ème mois				
3ème mois				
s/total				
QS =		+	+	+
TOTAL	QS =			

FEUILLE DE CALCUL DE QUOTIENT DE STUPIDITÉ QS

Rappel :

- Catégorie 1 : stupidités sans danger de dommage matériel ou physique pour qui que ce soit,
- Catégorie 2 : risque de dommages uniquement matériels,
- Catégorie 3 : risque de dommages corporels pour l'auteur de la stupidité avec risques collatéraux matériels pour les autres,
- Catégorie 4 : risques de dommages corporels pour tout le monde.

	Nombre de Stupidités de Catégories			
	1	2	3	4
1er mois				
2ème mois				
3ème mois				
s/total				
QS =	+	+	+	
TOTAL	QS =			

FEUILLE DE CALCUL DE QUOTIENT DE STUPIDITÉ QS

Rappel :

- Catégorie 1 : stupidités sans danger de dommage matériel ou physique pour qui que ce soit,
- Catégorie 2 : risque de dommages uniquement matériels,
- Catégorie 3 : risque de dommages corporels pour l'auteur de la stupidité avec risques collatéraux matériels pour les autres,
- Catégorie 4 : risques de dommages corporels pour tout le monde.

	Nombre de Stupidités de Catégories			
	1	2	3	4
1er mois				
2ème mois				
3ème mois				
s/total				
QS =	+	+	+	
TOTAL	QS =			

Table des matières

Également de Philippe Bonnamy :

> « Le vol de Mercure » (Denoël)
> « L'aventure de la création d'entreprise » (Demos)
> « L'inconnue du Lancastria » (L'Harmattan)

Retrouver Philippe Bonnamy sur son blog

www.leblogdephilippebonnamy.com